Todos los libros de Linkgua Ediciones cuentan con modelos de Inteligencia Artificial entrenados por hispanistas. Pregúntale al chat de tu libro lo que desees acerca de la obra o su autor/a.

Para ebooks: Accede a nuestro modelo de IA a través de este enlace.

Para libros impresos: Escanea el código QR de la portada con tu dispositivo móvil.

Obtén análisis detallados de nuestros libros, resúmenes, respuestas a tus preguntas y accede a nuestras ediciones críticas generativas para una experiencia de lectura más enriquecedora.
La transparencia y el respeto hacia la autoría de las fuentes utilizadas son distintivos básicos de nuestro proyecto. Por ello, las respuestas ofrecen, mediante un sistema de citas, las fuentes con las que han sido elaboradas.

Autores varios

Constitución cubana de 1901

Barcelona 2024
Linkgua-ediciones.com

Créditos

Título original: Constitución cubana de 1901.

© 2024, Red ediciones S.L.

e-mail: info@linkgua.com

Diseño de la colección: Michel Mallard.

ISBN rústica ilustrada: 978-84-9007-138-0.
ISBN tapa dura: 978-84-1126-736-6.
ISBN ebook: 978-84-1126-760-1.

Sumario

Constitución de 1901

Nosotros, los delegados del pueblo de Cuba, reunidos en Convención constituyente, a fin de redactar y adoptar la Ley Fundamental de su Organización como Estado independiente y soberano, estableciendo un gobierno capaz de cumplir sus obligaciones internacionales, mantener el orden, asegurar la libertad y la justicia y promover el bienestar general, acordamos y adoptamos, invocando el favor de Dios, la siguiente Constitución.

Título I. De la nación. De su forma de gobierno y del territorio nacional

Artículo 1. El pueblo de Cuba se constituye en Estado independiente y soberano, y adopta, como forma de gobierno, la republicana.

Artículo 2. Componen el territorio de la República la isla de Cuba, así como las islas y cayos adyacentes que con ella estaban bajo la soberanía de España hasta la ratificación del tratado de París de 10 de diciembre de 1898.

Artículo 3. El territorio de la República se divide en las seis provincias que existen actualmente, y con sus mismos límites, correspondiendo al Consejo Provincial de cada una determinar sus respectivas denominaciones.

Las provincias podrán incorporarse unas a otras o dividirse para formar nuevas provincias, mediante acuerdo de los respectivos Consejos provinciales y aprobación del congreso.

Título II. De los cubanos

Artículo 4. La condición de cubano se adquiere por nacimiento o por naturalización.

Artículo 5. Son cubanos por nacimiento:

1. Los nacidos, dentro o fuera del territorio de la República, de padres cubanos.
2. Los nacidos en el territorio de la República de padres extranjeros, siempre que cumplida la mayor edad, reclamen su inscripción como cubanos, en el Registro correspondiente.
3. Los nacidos en el extranjero de padres naturales de Cuba que hayan pedido la nacionalidad cubana, siempre que cumplida la mayor edad, redimen su inscripción, como cubanos, en el Registro.
Artículo 6. Son cubanos por naturalización:

1. Los extranjeros que habiendo pertenecido al Ejército Libertador clamen la nacionalidad cubana dentro de los seis meses siguientes a la promulgación de esta Constitución.
2. Los extranjeros que establecidos en Cuba antes del 1 de enero de 1899 hayan conservado su domicilio después de dicha fecha, siempre que reclamen la nacionalidad cubana dentro de los seis meses siguientes a la promulgación de esta Constitución, o, si fueren menores, dentro de un plazo igual desde que alcanzaren la mayoría de edad.
3. Los extranjeros que, después de cinco años de residencia en el territorio de la República, y no menos de dos desde que declaren su intención de adquirir la nacionalidad cubana, obtengan carta de naturalización con arreglo a las leyes.

4. Los españoles residentes en el territorio de Cuba el 11 de abril de 1899 que no se hayan inscrito como tales españoles en los Registros correspondientes, hasta igual mes y día de 1900.

5. Los africanos que hayan sido esclavos en Cuba, y los emancipados comprendidos en el artículo 13 del Tratado de 28 de junio de 1835, celebrado entre España e Inglaterra.

Artículo 7. La condición de cubano se pierde.

1. Por adquirir ciudadanía extranjera.

2. Por admitir empleo u honores de otro Gobierno sin licencia del Senado.

3. Por entrar al servicio de las armas de nación extranjera sin la misma licencia.

4. Por residir el cubano naturalizado cinco años continuos en el país de su nacimiento, a no ser por razón de empleo o comisión del Gobierno de la República.

Artículo 8. La condición de cubano podrá recobrarse con arreglo a lo que prescriben las leyes.

Artículo 9. Todo Cubano esta obligado:

1. Servir a la Patria con las armas, en los casos y forma que determinen las leyes.

2. A contribuir para los gastos públicos, en la forma y proporción que dispongan las leyes.

Título III. De los extranjeros

Artículo 10. Los extranjeros residentes en el territorio de la República se equiparan a los cubanos:

1. En cuanto a la protección de sus personas y bienes.
2. En cuanto al goce de los derechos garantizados en la Sección 1.ª del Título siguiente, con excepción de los que en ella se reconoce exclusivamente a los nacionales.
3. En cuanto al goce de los derechos civiles, en las condiciones y con las limitaciones que establezca la Ley de Extranjería.
4. En cuanto a la obligación de observar y cumplir las leyes, decretos, reglamentos y demás disposiciones que están en vigor en la República.
5. En cuanto a la sumisión a las resoluciones de los tribunales y demás autoridades de la República.
6. Y en cuanto a la obligación de contribuir a los gastos públicos del Estado, fa provincia y el municipio.

Título IV. De los derechos que garantiza esta Constitución

Sección primera. Derechos individuales

Artículo 11. Todos los cubanos son iguales ante la Ley. La República no reconoce fueros, ni privilegios personales.

Artículo 12. Ninguna ley tendrá efecto retroactivo, excepto las penales, cuando sean favorables al delincuente o procesado.

Artículo 13. Las obligaciones de carácter civil que nazcan de los contratos o de otros actos u omisiones que las produzcan, no podrán ser anuladas, ni alteradas por el Poder Legislativo ni por el Ejecutivo.

Artículo 14. No podrá imponerse, en ningún caso, la pena de muerte por delitos de carácter político los cuales serán definidos por la Ley.

Artículo 15. Nadie podrá ser detenido sino en los casos y en la forma que prescriben las leyes

Artículo 16. Todo detenido será puesto en libertad o entregado al juez o tribunal competente dentro de las veinticuatro horas siguientes al acto de la detención.

Artículo 17. Toda detención se dejará sin efecto, o se elevara a prisión, dentro de las setenta y dos horas de haber sido entregado el detenido al juez o tribunal competente. Dentro del mismo plazo se notificará el interesado la providencia que se dictare.

Artículo 18. Nadie podrá ser preso, sino en virtud de mandamiento de juez o tribunal competente. El auto en que se haya dictado el mandamiento se ratificará o repondrá, oído el presunto reo, dentro de las setenta y dos horas siguientes al acto de la prisión.

Artículo 19. Nadie podrá ser procesado ni sentenciado sino por juez o tribunal competente, en virtud de leyes anteriores al delito y en la forma que éstas establezcan.

Artículo 20. Toda persona detenida o presa sin las formalidades legales, o fuera de los casos previstos en esta Constitución o en las leyes, será puesta en libertad a petición suya o de cualquier ciudadano.

Artículo 21. Nadie está obligado a declarar contra sí mismo, ni contra su cónyuge o sus parientes dentro del cuarto grado de consanguinidad o segundo de afinidad.

Artículo 22. Es inviolable el secreto de la correspondencia y demás documentos privados, y ni aquélla ni éstos podrán ser ocupados ni examinados sino por disposición de autoridad competente y con las formalidades que prescriban las leyes. En todo caso se guardará secreto respecto de los extremos ajenos al asunto que motive la ocupación o examen.

Artículo 23. El domicilio es inviolable, y, en consecuencia, nadie podrá penetrar de noche en el ajeno sin el consentimiento de su morador, a no ser para auxiliar o socorrer a víctimas de delito o desastre; ni de día, sino en los casos y en la forma determinadas por las leyes.

Artículo 24. Nadie podrá ser compelido a mudar de domicilio o residencia sino por mandato de autoridad competente y en los casos prescritos por las leyes.

Artículo 25. Toda persona podrá libremente, y sin sujeción a censura previa, emitir su pensamiento, de palabra, o por escrito, por medio de la imprenta o por cualquier otro procedimiento; sin perjuicio de las responsabilidades que impongan las leyes, cuando por alguno de aquellos medios se atente contra la honra de las personas, el orden social o la tranquilidad pública.

Artículo 26. Es libre la profesión de todas las religiones, así como el ejercicio de todos los cultos, sin otra limitación que el respeto a la moral cristiana y al orden público.

La Iglesia estará separada del Estado, el cual no podrá subvencionar, en caso alguno, ningún culto.

Artículo 27. Toda persona tiene el derecho de dirigir peticiones a las autoridades; de que sus peticiones sean resueltas, y de que se le comunique la resolución que a ellas recaiga.

Artículo 28. Todos los habitantes de la República tienen el derecho de reunirse pacíficamente y sin armas, y el de asociarse para todos los fines lícitos de la vida.

Artículo 29. Toda persona podrá entrar en el territorio de la República, salir de él, viajar dentro de sus límites, y mudar de residencia, sin necesidad de carta de seguridad, pasaporte u otro requisito semejante, salvo lo que se disponga en las leyes sobre inmigración, y las facultades atribuidas a la autoridad en caso de responsabilidad criminal.

Artículo 30. Ningún cubano podrá ser expatriado ni a ninguno podrá prohibirsele la entrada en el territorio de la República.

Artículo 31. La enseñanza primaria es obligatoria, y así ésta como la de artes y oficios serán gratuitas. Ambas estarán a cargo del Estado, mientras no puedan sostenerlas respectivamente, por carecer de recursos suficientes, los municipios y las provincias.

La segunda enseñanza y la superior estarán a cargo del Estado. No obstante, toda persona podrá aprender o enseñar libremente cualquier ciencia, arte, o profesión y fundar y sostener establecimientos de educación y enseñanza; pero corresponde al Estado la determinación de las profesiones en que exija títulos especiales, la de las condiciones para su ejercicio o la de los requisitos necesarios para obtener los títulos, y la expedición de los mismos, de conformidad con lo que establezcan las leyes.

Artículo 32. Nadie podrá ser privado de su propiedad sino por autoridad competente y por causa justificada de utilidad pública, previa la correspondiente indemnización. Si no procediese este requisito, los jueces y tribunales ampararán y, en su caso reintegrarán al expropiado.

Artículo 33. No podrá imponerse, en ningún caso, la pena de confiscación de bienes.

Artículo 34. Nadie está obligado a pagar contribución ni impuesto que no estuvieren legalmente establecidos, y cuya cobranza no se hiciere en la forma prescrita por las leyes.

Artículo 35. Todo autor o inventor gozará de la propiedad exclusiva de su obra, o invención por el tiempo y la forma que determine la ley.

Artículo 36. La enumeración de los derechos garantizados expresamente por esta Constitución no excluye otros que se deriven del principio de la soberanía del pueblo y de la forma republicana de gobierno.

Artículo 37. Las leyes que regulen el ejercicio de los derechos que esta Constitución garantiza, serán nulas si los disminuyen, restringen o adulteran.

Sección segunda. Derecho de sufragio

Artículo 38. Todos los cubanos, varones, mayores de veintiún años, tienen derecho de sufragio, con excepción de los siguientes:

Primero: Los asilados.

Segundo: Los incapacitados mentalmente, previa declaración judicial de su incapacidad.

Tercero: Los inhabilitados judicialmente por causa de delito.

Cuarto: Los individuos pertenecientes a las fuerzas de mar y tierra que estuvieren en servicio activo.

Artículo 39. Las leyes establecerán reglas y procedimientos que aseguren la intervención de las minorías en la formación del censo de electores y demás operaciones electorales y su representación en la Cámara de Representantes, en los Consejos Provinciales y en los Ayuntamientos.

Sección tercera. Suspensión de las garantías
constitucionales

Artículo 40. Las garantías establecidas en los artículos decimoquinto, decimosexto, decimoséptimo, decimonono, vigésimo segundo, vigésimo tercero, vigésimo cuarto y vigésimo séptimo de la sección primera de este título, no podrán suspenderse en toda la República ni en parte de ella sino temporalmente y cuando lo exija la seguridad del Estado, en caso de invasión del territorio o de grave perturbación del orden que amenace la paz pública.

Artículo 41. El territorio en que fueren suspendidas las garantías que se determinan en el artículo anterior se regirá durante la suspensión, por la Ley de Orden Público, dictada de antemano. Pero ni en dicha ley, ni en otra alguna, podrá disponerse la suspensión de más garantías que las ya mencionadas. Tampoco podrá hacerse, durante la suspensión, declaración de nuevos delitos, ni imponerse otras penas que las establecidas en las leyes vigentes al decretarse la suspensión.

Queda prohibido al Poder Ejecutivo el extrañamiento o la deportación de los ciudadanos, sin que pueda desterrarlos a más de ciento veinte kilómetros de su domicilio, ni detenerlos por más de diez días sin hacer entrega de ellos a la autoridad judicial; ni repetir la detención durante el tiempo de la suspensión de garantías. Los detenidos no podrán serlo sino en departamentos especiales de los establecimientos públicos, destinados a la detención de procesados por causa de delitos comunes.

Artículo 42. La suspensión de las garantías de que se trata en el artículo cuadragésimo, solo podrá dictarse por medio de una ley o, cuando no estuviere reunido el Congreso, por un decreto del presidente de la República, pero éste no podrá decretar la suspensión más de una vez durante el período comprendido entre dos legislaturas, ni por tiempo indefinido, ni mayor de treinta días, sin convocar al Congreso en el mismo decreto de suspensión. En todo caso deberá darle cuenta para que resuelva lo que estime procedente.

Título V. De la soberanía y los Poderes Públicos

Artículo 43. La soberanía reside en el pueblo de Cuba y de éste dimanan todos los Poderes Públicos.

Título VI. Del Poder Legislativo

Sección primera. De los Cuerpos Colegisladores

Artículo 44. El Poder Legislativo se ejerce por dos Cuerpos electivos, que se denominan Cámara de Representantes y Senado, y conjuntamente reciben el nombre de Congreso.

Sección segunda. Del Senado. Su composición y atribuciones

Artículo 45. El Senado se compondrá de cuatro senadores por provincia, elegidos en cada una, para un periodo de ocho años, por los consejeros provinciales y por doble número de compromisarios, constituidos con aquéllos en Junta Electoral.

La mitad de los compromisarios serán mayores contribuyentes, y la otra mitad reunirán las condiciones de capacidad que determine la ley, debiendo ser todos, además, mayores de edad y vecinos de términos municipales de la provincia.

La elección de los compromisarios se hará por los electores de la provincia, cien días antes de la de senadores. El senado se renovará por mitad, cada cuatro años.

Artículo 46. Para ser Senador se requiere:

1) Ser cubano por nacimiento

2) Haber cumplido treinta y cinco años de edad

3) Hallarse en el pleno goce de los derechos civiles y políticos.

Artículo 47. Son atribuciones propias del Senado:

1) Juzgar, constituido en tribunal de justicia, al presidente de la República, cuando fuere acusado por la Cámara de Representantes, de delito contra la seguridad exterior del Estado, contra el libre funcionamiento de los Poderes Legislativos o Judicial, o de infracción de los preceptos constitucionales.
2) Juzgar, constituido en tribunal de justicia, a los Secretarios del Despacho, cuando fueren acusados por la Cámara de Representantes, de delito contra la seguridad exterior del Estado, contra el libre funcionamiento de los Poderes Legislativo o Judicial, de infracción de los preceptos constitucionales o de cualquier otro delito de carácter político que las leyes determinen.

3) Juzgar, constituidos en tribunal de justicia, a los Gobernadores de las provincias, cuando fueren acusados por el Consejo Provincial o por el presidente de la República, de cualquiera de los delitos expresados en el párrafo anterior.

Cuando el Senado se constituya en tribunal de justicia será presidido por el presidente del Tribunal Supremo, y no podrá imponer a los acusados otras penas que la destitución o las de destitución e inhabilitación para el ejercicio de cargos públicos, sin perjuicio de que los tribunales que las leyes dejaren competentes, les impongan cualquier otra en que hubieren incurrido.

4) Aprobar los nombramientos que haga el presidente de la República, del presidente y Magistrados del Tribunal Supremo de Justicia, de los representantes diplomáticos y agentes consulares de la nación y de los demás funcionarios cuyo nombramiento requiera su aprobación, según las leyes.

5) Autorizar a los nacionales para admitir empleo u honores de otro Gobierno, o para servirlo con las armas.

6) Aprobar los tratados que negociare el presidente de la República con otras naciones.

Sección tercera. De la Cámara de representantes, su compromiso y atribuciones

Artículo 48. La Cámara de Representantes se compondrá de un representante por cada 25.000 habitantes o fracción de más de 12.500, elegido para un periodo de cuatro años, por sufragio directo y en la forma que determine la ley.
La Cámara de Representantes se renovará por mitad, cada dos años.

Artículo 49. Para ser representante se requiere:

1) Ser cubano por nacimiento o naturalizado con ocho años de residencia en la República, contados desde la naturalización.
2) Haber cumplido veinticinco años de edad.

3) Hallarse en el pleno goce de los derechos civiles y políticos.

Artículo 50. Corresponde a la Cámara de Representantes acusar ante el Senado al presidente de la República y a los Secretarios del Despacho en los casos determinados en los párrafos 1 y 2 del artículo 47, cuando las dos terceras partes del número total de representantes acordarán en sesión secreta la acusación.

Sección cuarta. Disposiciones comunes a los Cuerpos Colegiadores

Artículo 51. Los cargos de Senador y Representante son incompatibles con cualesquiera otros retribuidos, de nombramiento del Gobierno, exceptuándose el de catedrático por oposición de establecimiento oficial, obtenido con anterioridad a la elección.

Artículo 52. Los senadores y representantes recibirán del Estado una dotación igual para ambos cargos, y cuya cuantía podrá ser alterada en todo tiempo, pero no sufrirá efecto la alteración hasta que sean renovados los cuerpos Colegiadores.

Artículo 53. Los senadores y representantes serán inviolables por las opiniones y votos que emitan en el ejercicio de sus cargos. Los senadores y representantes solo podrán ser detenidos o procesados con autorización del Cuerpo a que pertenezcan, si estuviese reunido el Congreso, excepto en el caso de ser hallados *in fraganti* en la comisión de algún delito. En este caso, y en el de ser detenidos o procesados cuando estuviese cerrado el Congreso, se dará cuenta, lo más pronto posible, al cuerpo respectivo para la resolución que corresponda.

Artículo 54 . Las Cámaras abrirán y cerrarán sus sesiones en un mismo día, residirán en una misma población y no podrán trasladarse a otro lugar ni suspender sus sesiones por más de tres días sino por acuerdo de ambas. Tampoco podrán comenzar sus sesiones sin la presencia de las dos terceras partes de número total de sus miembros; ni continuarlas sin la mayoría absoluta de ellos.

Artículo 55. Cada Cámara resolverá sobre la validez de la elección de sus respectivos miembros y sobre las renuncias que presenten. Ningún Senador o Representante podrá ser expulsado de la Cámara a que pertenezca sino en virtud de causa previamente determinada y por acuerdo de las dos terceras partes, por lo menos, del número total de sus miembros.

Artículo 56. Cada Cámara formará su reglamento, y elegirá entre sus miembros su presidente, Vicepresidente y Secretarios. No obstante, el presidente del Senado solo ejercerá su cargo cuando falte el Vicepresidente de la República o esté ejerciendo la Presidencia de la misma.

Sección quinta. Del Congreso y sus atribuciones

Artículo 57. El Congreso se reunirá, por derecho propio, dos veces al año, y permanecerá funcionando durante cuarenta días hábiles, por lo menos en cada legislatura. Una empezará el primer lunes de abril, y la otra, el primer lunes de noviembre. Se reunirá en sesiones extraordinarias en los casos y en la forma que determinen los Reglamentos de los Cuerpos Colegisladores, y cuando el presidente de la República lo convoque con arreglo a lo establecido en esta Constitución. En dichos casos solo se ocupará del asunto o asuntos que motiven su reunión.

Artículo 58. El Congreso se reunirá en un solo Cuerpo para proclamar al presidente y el Vicepresidente de la República, previa rectificación y aprobación del escrutinio.

En este caso desempeñará la Presidencia del Congreso el presidente del Senado, y en su defecto, el de la Cámara de Representantes, a Título de Vicepresidente del propio Congreso.

Si del escrutinio para presidente resultare que ninguno de los candidatos reúne mayoría absoluta de votos, o hubiese empate, el Congreso, por igual mayoría, elegirá el presidente de entre los dos candidatos que hubieren obtenido mayor número de votos. Si fuesen más de dos los que se encontrasen en este caso por haber obtenido dos o más candidatos igual número de votos, elegirá entre todos ellos el Congreso.

Si el Congreso resultare también empate, se repetirá la votación y el resultado de ésta fuese el mismo, el voto del presidente decidirá.

El procedimiento establecido en el párrafo anterior se aplicará a la elección del Vicepresidente de la República. El escrutinio se efectuará con anterioridad a la expiración del término presidencial.

Artículo 59. Son atribuciones propias del Congreso:

1) Formar los Códigos y las Leyes de carácter general; determinar el régimen que deba observarse para las elecciones generales, provinciales y municipales; dictar las disposiciones que regulen y organicen cuanto se relacione con la Administración general, la provincial y la municipal: y todas las demás leyes y resoluciones que estimase conveniente sobre cualesquiera otros asuntos de interés público.

2) Discutir y aprobar los presupuestos de gastos e ingresos del Estado. Dichos gastos e ingresos, con excepción de los que se mencionarán más adelante, se incluirán en presupuestos anuales y solo regirán durante el año para el cual hubieren sido aprobados. Los gastos del Congreso, los de la Administración de Justicia, los de intereses conque deben ser cubiertos, tendrán el carácter de permanentes y se incluirán en presupuesto fijo, que regirá mientras no sea reformado por leyes especiales.

3) Acordar empréstitos, pero con la obligación de votar, al mismo tiempo, los ingresos permanentes, necesarios para el pago de intereses y amortización. Todo acuerdo sobre empréstitos requiere el voto de las dos terceras partes del número total de los miembros de cada Cuerpo Colegislador.

4) Acuñar moneda, determinando su patrón, ley, valor y denominación.

5) Regular el sistema de pesas y medidas.

6) Dictar disposiciones para el régimen y fomento del comercio interior y exterior.

7) Regular los servicios de comunicaciones y ferrocarriles, caminos, canales y puertos, creando los que exija la conveniencia pública.

8) Establecer las contribuciones e impuestos, de carácter nacional, que sean necesarios para las atenciones del Estado.

9) Fijar las reglas y procedimientos para obtener la naturalización.

10) Conceder amnistías.

11) Fijar el número de las fuerzas de mar y tierra y determinar su organización.

12) Declarar la guerra y aprobar las tratados de Paz que el presidente de la República haya negociado.

13) Designar, por medio de una ley especial, quién debe ocupar la Presidencia de la República, en el caso de que el presidente y el Vicepresidente sean destituidos, fallezcan, renuncien o se incapaciten.

Artículo 60. El Congreso no podrá incluir en las leyes de presupuestos, disposiciones que ocasionen reformas legislativas o administrativas de otro orden: ni podrá reducir o suprimir ingresos de carácter permanente, sin establecer al mismo tiempo otros que los sustituyan, salvo el caso de que la reducción o supresión procedan de reducción o supresión de gastos permanentes equivalentes: ni asignar a ningún servicio que deba ser dotado en el presupuesto anual, mayor cantidad que la propuesta en el proyecto del Gobierno; pero sí podrá crear nuevos servicios y reformar o ampliar los existentes, por medio de leyes especiales.

Sección sexta. De la iniciativa y formación de las leyes,
su sanción y promulgación

Artículo 61. La iniciativa de las leyes se ejercerá por cada uno de los Cuerpos Colegisladores indistintamente.

Artículo 62. Todo proyecto de ley que haya obtenido la aprobación de ambos Cuerpos Colegisladores, y toda resolución de los mismos que haya de ser ejecutada por el presidente de la República, deberán presentarse a éste para su sanción. Si los aprueba, los autorizará desde luego, devolviéndolos, en otro caso, con las objeciones que hiciere, el cual consignará las referidas objeciones íntegramente en acta, discutiendo de nuevo el proyecto o resolución. Si después de esta discusión dos terceras partes del número total de los miembros del Cuerpo Colegislador votasen en favor del proyecto o resolución, se pasará, con las objeciones del presidente, al otro Cuerpo, que también lo discutirán y si por igual mayoría lo aprueba, será ley. En todos estos casos las votaciones serán nominales. Si dentro de los últimos diez días de una legislatura se presentare un proyecto de ley al presidentes de la República, y éste se propusiese utilizar todo el término que al efecto de la sanción, se le concede en el párrafo anterior, comunicará su propósito, en el mismo día, al Congreso, a fin de que permanezca reunido, si lo quisiere, hasta el vencimiento del expresado término. De no hacerlo así el presidente, se tendrá por sancionado el proyecto y será ley.

Ningún proyecto de ley desechado totalmente por alguno de los Cuerpos Colegisladores podrá discutirse de nuevo en la misma legislatura.

Artículo 63. Toda ley será promulgada dentro de los diez días siguientes al de su sanción, proceda ésta del presidente o del Congreso, según los casos mencionados en el artículo precedente.

Título VII. Del Poder Ejecutivo

Sección primera. Del ejercicio del Poder Ejecutivo

Artículo 64. El Poder Ejecutivo se ejerce por el presidente de la República

Sección segunda. Del presidente de la República y de sus atribuciones y deberes

Artículo 65. Para ser presidente de la República se requiere:

1) Ser cubano por nacimiento o naturalización, y en este último caso, haber servido con las armas a Cuba, en sus guerras de Independencia, diez años por lo menos.

2) Haber cumplido cuarenta años de edad.

3) Hallarse en el pleno goce de los derechos civiles y políticos. Artículo 66. El presidente de la República será elegido por sufragio de segundo grado, en un solo día, y conforme al procedimiento que establezca la Ley.

El cargo durará cuatro años, y nadie podrá ser presidente en tres periodos consecutivos.

Artículo 67. El presidente jurará y prometerá, ante el tribunal Supremo de Justicia, al tomar posesión de su cargo, desempeñarlo fielmente, cumpliendó y haciendo cumplir la Constitución y las leyes.

Artículo 68. Corresponde al presidente de la República:

1) Sancionar y promulgar las leyes, ejecutarlas y hacerlas ejecutar; dictar, cuando no lo hubiere hecho el Congreso, los reglamentos para la mejor ejecución de las leyes, y expedir, además, los decretos y las órdenes que, para este fin y para cuando incumba al gobierno y administración del Estado creyese convenientes, sin contravenir en ningún caso lo establecido en dichas leyes.

2) Convocar a sesiones extraordinarias al Congreso, o solamente al Senado, en los Casos que señala esta Constitución, o cuando, a su juicio, fuere necesario.

3) Suspender las sesiones del Congreso, cuando tratándose en éste de su suspensión, no hubiere acuerdo acerca de ella entre los Cuerpos Colegisladores.

4) Presentar al Congreso, al principio de cada Legislatura y siempre que lo estime oportuno, un Mensaje referente a los actos de la Administración, y demostrativo del estado general de la República, y recomendar, además la adopción de leyes y resoluciones que creyese necesarias o útiles.

5) Presentar al Congreso, en cualquiera de sus Cámaras, y antes del día 15 de noviembre, el Proyecto de los Presupuestos anuales.

6) Facilitar al Congreso los informes que éste solicitara sobre toda clase de asuntos que no exijan reserva.

7) Dirigir las negociaciones diplomáticas, y celebrar tratados con las otras naciones, debiendo someterlos a la aprobación del Senado, sin cuyo requisito no tendrán validez ni obligarán a le República.

8) Nombrar y remover libremente a los Secretarios del Despacho, dando cuenta al Congreso.

9) Nombrar, con la aprobación del Senado, al presidente y Magistra dos del Tribunal Supremo de Justicia, y a los Representantes diplomáticos y Agentes consulares de la Repúblíca; pudiendo hacer nombramientos interinos de dichos funcionarios, cuando en caso de vacante no esté reunido el Senado.

10) Nombrar, para el desempeño de los demás cargos instituidos por la Ley, a los funcionarios correspondientes, cuyo nombramiento no esté atribuido a otras Autoridades.

11) Suspender el ejercicio de los derechos que se enumeran en el artículo 40 de esta Constitución, en los casos y en la forma que se expresan en los artículos 41 y 42.

12) Suspender los acuerdos de los Consejos Provinciales y de los Ayuntamientos, en los casos y en la forma que determine esta Constitución.

13) Decretar la suspensión de los Gobernadores de Provincia, en los casos de extralimitación de funciones y de infrac-

ción de las leyes, dando cuenta al Senado, según lo que se establezca, para la resolución que corresponda.

14) Acusar a los Gobernadores de Provincia en los casos expresados en el párrafo 3 del artículo 47.

15) Indultar a los delincuentes con arreglo a lo que prescriba la Ley, excepto cuando se trate de funcionarios públicos penados por delitos cometidos en el ejercicio de sus funciones.

16) Recibir a los representantes diplomáticos y admitir a los Agentes consulares de las otras naciones.

17) Disponer como Jefe Supremo, de las fuerzas del mar y tierra de la República. Proveer a la defensa se su territorio, dando cuenta al Congreso, y a la conservación del orden interior. Siempre que hubiere peligro de invasión o cuando alguna rebelión amenazare gravemente la seguridad pública, no estando reunido el Congreso, El presidente lo convocará sin demora, para la resolución que corresponda.
Artículo 69. El presidente no podrá salir del territorio de la República sin autorización del Congreso.

Artículo 70. El presidente será responsable, ante el Tribunal Supremo de Justicia, por los delitos de carácter común que cometiere durante el ejercicio de su cargo; pero no podrá ser procesado sin previa autorización del Senado.

Artículo 71. El presidente recibirá del Estado una dotación, que podrá ser alterada en todo tiempo; pero no surtirá efecto la alteración sino en los períodos presidenciales siguientes a aquél en que se acordare.

Título VIII. Del vicepresidente de la República

Artículo 72. Habrá un Vicepresidente de la República, que será elegido en la misma forma y para igual período de tiempo que el presidente, y conjuntamente con éste; requiriéndose para ser Vicepresidente las mismas condiciones que prescribe esta Constitución para ser presidente.

Artículo 73. El Vicepresidente de la República ejercerá la Presidencia del Senado, pero solo tendrá voto en los casos de empate.

Artículo 74. Por falta, temporal o definitiva, del presidente de la República, le sustituirá el Vicepresidente en el ejercicio del Poder Ejecutivo. Si la falta fuere definitiva, durará la sustitución hasta la terminación del período presidencial.

Artículo 75. El Vicepresidente recibirá del Estado una dotación que podrá ser alterada en todo tiempo; pero no surtirá efecto la alteración, sino en los periodos presidenciales siguientes a aquel en que se acordare.

Título IX. De los secretarios del Despacho

Artículo 76. Para el ejercicio de sus atribuciones tendrá el presidente de la República, los Secretarios del Despacho que determine la Ley; debiendo recaer el nombramiento de éstos en ciudadanos cubanos que se hallen en el pleno goce de los derechos civiles y políticos.

Artículo 77. Todos los decretos, órdenes y resoluciones del presidente de la República habrán de ser refrendados por el Secretario del ramo correspondiente, sin cuyo requisito carecerán de fuerza obligatoria y no serán cumplidos.

Artículo 78. Los Secretarios serán personalmente responsables de los actos que refrenden, y además, solidariamente, de los que, juntos, acuerden o autoricen. Esta responsabilidad no excluye la personal y directa del presidente de la República.

Artículo 79. Los Secretarios del Despacho serán acusados por la Cámara de Representantes, ante el Senado, en los casos que se mencionan en el Párrafo 2 del artículo 47.

Artículo 80. Los Secretarios del Despacho recibirán del Estado una dotación que podrá ser alterada en todo tiempo; pero no surtirá efecto la alteración sino en los periodos presidenciales siguientes a aquel en que se acordare.

Título X. Del Poder Judicial

Sección primera. Del ejercicio del Poder Judicial

Artículo 81. El Poder Judicial se ejerce por un Tribunal Supremo de Justicia y por los demás Tribunales que las leyes establezcan. Estas regularán sus respectivas organización y facultades, el modo de ejercerlas y las condiciones que deban concurrir en los funcionarios que los compongan.

Sección segunda. Del Tribunal Supremo de Justicia

Artículo 82. Para ser presidente o Magistrado del Tribunal Supremo de Justicia se requiere:

1) Ser Cubano por nacimiento.

2) Haber cumplido treinta y cinco años'de edad.

3) Hallarse en el pleno goce de los derechos civiles y políticos y no haber sido condenado a pena aflictiva por delito común.

4) Reunir, además, alguna de las circunstancias siguientes:

Haber ejercido, en Cuba, durante diez años, por lo menos, la profesión de Abogado, o desempeñado por igual tiempo, funciones judiciales, o explicado, el mismo número de años, una Cátedra de Derecho en Establecimiento oficial de enseñanza.

Podrán ser también nombrados para los cargos de presidente y Magistrados del Tribunal Supremo, siempre que reúnan las condiciones de los números 1, 2, y 3 de este artículo:

a) Los que hubieren ejercido, en la magistratura, cargo de categoría igual o inmediatamente inferior, por el tiempo que determine la Ley.

b) Los que, con anterioridad a la promulgación de esta Constitución, hubieren sido Magistrados del Tribunal Supremo de la Isla de Cuba.

El tiempo de ejercicio de funciones judiciales se computará como de ejercicio de la Abogacía, al efecto de capacitar a los Abogados para poder ser nombrados Magistrados del Tribunal Supremo.

Artículo 83. Ademas de las atribuciones que le estuvieren anteriormente señaladas y de las que en lo sucesivo le Confieran las leyes, corresponden al Tribunal Supremo las siguientes:

1) Conocer de los recursos de casación.

2) Dirimir las competencias entre los Tribunales que le sean inmediatamente inferior o no tengan un superior común.

3) Conocer de los juicios en que litiguen entre si el Estado, las Provincias y los Municipios.

4) Decidir sobre, la constitucionalidad de las leyes, decretos y reglamentos, cuando fuere objeto de controversia entre partes.

Sección tercera. Disposiciones generales acerca de la administración de justicia

Artículo 84. La justicia se administrará gratuitamente en todo el territorio de la República.

Artículo 85. Los Tribunales, conocerán de todos los juicios, ya sean civiles, criminales o contencioso administrativos.

Artículo 86. No se podrán crear, en ningún caso, ni bajo ninguna denominación, comisiones judiciales ni Tribunales extraordinarios.

Artículo 87. Ningún funcionario del orden judicial podrá ser suspendido ni separado de su destino o empleo, sino por razón de delito u otra causa grave, debidamente acreditada y siempre con su audiencia.

Tampoco podrá ser trasladado sin su consentimiento, a no ser por motivo evidente de conveniencia pública.

Artículo 88. Todos los funcionarios del orden judicial serán personalmente responsables en la forma que determinen las leyes, de toda infracción de la ley que cometieren.

Artículo 89. La dotación de los funcionarios del orden judicial no podrá ser alterada sino en periodos mayores de cinco años, y por medio de una Ley. Esta no podrá asignar distintas dotaciones a cargos cuyo grado, categoría y funciones sean iguales.

Artículo 90. Los Tribunales de las fuerzas de mar y tierra se regularán por una ley orgánica especial.

Título XI. Del régimen provincial

Sección primera. Disposiciones generales

Artículo 91. La Provincia comprende los Términos Municipales Enclavados dentro de sus limites.

Artículo 92. En Cada Provincia habrá un Gobernador y un Consejo Provincial, elegidos por sufragio de primer grado, en la forma que prescriba la Ley. El número de Consejeros, en cada una, no será menor de ocho ni mayor de veinte.

Sección segunda. De los Consejos Provinciales y de sus atribuciones

Artículo 93. Corresponde a los Consejos Provinciales

1) Acordar sobre todos los asuntos que conciernan a la Provincia y que, por la Constitución,— por los Tratados o por la Leyes, no correspondan a la competencia general del Estado o a la privativa de los Ayuntamientos.

2) Formar sus presupuestos, estableciendo los ingresos necesarios para cubrirlos, sin otra limitación que la de hacerlos compatibles con el sistema tributario del Estado.

3) Acordar empréstitos para obras públicas y de interés provincial; pero votando al mismo tiempo los ingresos permanentes necesarios para el pago de su interés y amortización.

Para que dichos empréstitos puedan realizarse habrán de ser aprobadas por las dos terceras partes de los ayuntamientos de la provincia.

4) Acusar ante el Senado al gobernador, en los casos, determinados en el párrafo tercero del artículo 47, cuando los dos tercios del número total de los Consejeros Provinciales acordaran, en sesión secreta, la acusación.

5) Nombrar y remover los empleados provinciales con arreglo a lo que establezcan las leyes.
Artículo 94. Los Consejos Provinciales no podrán reducir o suprimir ingresos de carácter permanente sin establecer al mismo tiempo otros que los sustituyan; salvo en el caso de que la reducción o, supresión procedan de reducción o supresión de gastos permanentes equivalentes.

Artículo 95. Los acuerdos de los Consejos Provinciales serán presentados al Gobernador de la Provincia. Si éste los aprobare, los autorizare con su firma. En otro caso, los devolverá, son sus objeciones, al Consejo, el cual discutirá de nuevo el asunto. Y si después de la segunda discusión, las dos terceras partes del número total de Consejeros votaran en favor del acuerdo, este será ejecutivo. Cuando el gobernador, transcurridos diez días desde la presentación de un acuerdo, no lo devolviese, se tendrá por aprobado y será también ejecutivo.

Artículo 96. Los acuerdos de los . Consejos Provinciales podrán ser suspendidos por el Gobernador de la Provincia o por el presidente de la República, cuando a su juicio, fuere contrarios a la Constitución, a los Tratados, a las leyes o a los acuerdos adoptados por los Ayuntamientos dentro de sus atribulaciones propias. Pero se reservará a los Tribunales el conocimiento y la resolución de las reclamaciones que se promuevan con motivo de la suspensión.

Artículo 97. Ni los Consejos provinciales ni ninguna Sección o Comisión, de su seno o por ellos designada fuera de él, podrá tener intervención en las operaciones que correspondan al procedimiento electoral para cualquiera clase de elecciones.

Artículo 98. Los Consejeros Provinciales serán personalmente responsables, ante los tribunales, en la forma que las leyes prescriban, de los actos que ejecuten en el ejercicio de sus funciones.

Sección tercera. De los Gobernadores de Provincia y sus atribuciones

Artículo 99. Corresponde a los Gobernadores de Provincia:

1) Cumplir y hacer cumplir, en los extremos que les conciernan, las leyes, decretos y reglamentos de la Nación.

2) Publicar los acuerdos del Consejo Provincial que tengan fuerza obligatoria, ejecutándolos y haciéndolos ejecutar.

3) Expedir órdenes y dictar ademas las instrucciones y reglamentos para la mejor ejecución de los Acuerdos del Consejo Provincial, cuando éste no los hubiere hecho.

4) Convocar al Consejo Provincial a sesiones extraordinarias cuando, a su juicio, fuere necesario; expresándose en la convocatoria el objeto de las secciones.

5) Suspender los acuerdos del Consejo Provincial y de los Ayuntamientos, en los casos que determine esta Constitución.

6) Acordar la suspensión de los Alcaldes en los casos de extralimitación de facultades, violación de la Constitución o de la leyes, infracción de los acuerdos de los Consejos provinciales, o incumplimiento de sus deberes; dando cuenta al Consejo provincial, en los términos que establezcan las leyes.

7) Nombrar y remover los empleados de sus despachos conforme a lo que establezcan las leyes.

Artículo 100. El gobernador será responsable ante el Senado, en los casos que en esta Constitución se señalan, y ante los tribunales en los demás casos de delito, con arreglo a lo que prescriban las leyes.

Artículo 101. El Gobernador recibirá del Tesoro provincial una dotación, que podrá ser alterada en todo tiempo; pero no surtirá efecto la alteración sino después que se verifique nueva elección de Gobenador.

Artículo 102. Por falta, temporal o definitiva, del Gobernador de la Provincia le sustituirá en el ejercicio de su cargo, el presidente del Consejo Provincial.

Si la falta fuere definitiva durará la sustitución hasta que termine el período para que hubiere sido electo el Gobernador.

Título XII. Del Régimen Municipal

Sección primera. Disposiciones generales

Artículo 103. Los Términos Municipales serán regidos por Ayuntamientos, compuestos de Concejales elegidos por sufragio de primer grado, en el número y en la forma que la ley prescriba.

Artículo 104. En cada término Municipal habrá un Alcalde, elegido por sufragio de primer grado, en la forma que establezca la ley.

Sección segunda. De los Ayuntamientos y sus atribuciones

Artículo 105. Corresponde a los Ayuntamientos:

1. Acordar sobre todos los asuntos que conciernan exclusivamente al Término Municipal;

2. Formar sus presupuestos, estableciendo los ingresos necesarios para cubrirlos, sin otra limitación que la de hacerlos compatibles con el sistema tributario del Estado;

3. Acordar empréstitos; pero votando al mismo tiempo los ingresos permanentes necesarios para el pago de sus intereses y amortización.

Para que dichos empréstitos puedan realizarse, habrán de ser aprobados por las dos terceras partes de los electores del Término Municipal;

4. Nombrar y remover los empleados municipales conforme a lo que establezcan las leyes.

Artículo 106. Los Ayuntamientos no podrán reducir o suprimir ingresos de carácter permanente sin establecer al mismo tiempo, otros que los sustituyen salvo en el caso de que la reducción o supresión procedan de reducción o supresión de gastos permanentes equivalentes.

Artículo 107. Los acuerdos de los Ayuntamientos serán presentados al Alcalde, si éste los aprobare los autorizará con su firma. En otro caso los devolverá, con sus objeciones, al Ayuntamiento, el cual discutirá de nuevo el asunto. Y si después de la segunda discusión, las dos terceras partes del número total de Concejales votaran en favor del acuerdo, éste será ejecutivo.

Cuando el alcalde, transcurridos diez días, desde la presentación de un acuerdo, no lo devolviese, se tendrá por aprobado, y será también ejecutivo.

Artículo 108. Los acuerdos de los Ayuntamientos podrán ser suspendidos por el Alcalde, por el Gobernador de la Provincia o por el Presidente de la República, cuando a su juicio, fueran contrarios a la Constitución, a los tratados, a las leyes o a los acuerdos adoptados por el Consejo Provincial dentro de sus atribuciones propias. Pero se reservará a los tribunales el conocimiento y la resolución de las reclamaciones que se promuevan con motivo de la suspensión.

Artículo 109. Los Concejales serán personalmente responsables, ante los tribunales de justicia, en la forma que las leyes prescriban, de los actos que ejecuten en el ejercicio de sus funciones.

Sección tercera. De los Alcaldes y sus atribuciones y deberes

Artículo 110. Corresponden a los Alcaldes:

1. Publicar los acuerdos de los Ayuntamientos que tengan fuerza obligatoria, ejecutándolos y haciéndolos ejecutar;

2. Ejercer las funciones activas de la administración municipal, expidiendo, al efecto, órdenes y dictando además instrucciones y reglamentos para la mejor ejecución de los acuerdos del Ayuntamiento, cuando éste no los hubiere hecho;

3. Nombrar y remover los empleados de su despacho, conforme a lo que establezcan las leyes.

Artículo 111. El Alcalde será personalmente responsable ante los tribunales de justicia, en la forma que las leyes prescriban, de los actos que ejecute en el ejercicio de sus funciones.

Artículo 112. El Alcalde recibirá del Tesoro Municipal una dotación, que podrá ser alterada en todo tiempo, pero no surtirá efecto la alteración sino desde que se verifique nueva elección de Alcalde.

Artículo 113. Por falta, temporal o definitiva del Alcalde, le sustituirá en el ejercicio de su cargo el Presidente del Ayuntamiento.

Si la falta fuere definitiva, durará la sustitución hasta que termine el periodo para que hubiere sido electo el Alcalde.

Título XIII. De la hacienda nacional

Artículo 114. Pertenecen al Estado todos los bienes, existentes en el territorio de la República, que no correspondan a las Provincias o a los Municipios, ni sean individual o colectivamente, de propiedad particular.

Título XIV. De la reforma de la Constitución

Artículo 115. La Constitución no podrá reformarse, total ni parcialmente, sino por acuerdo de las dos terceras partes de número total de los miembros de cada Cuerpo Colegiador.

Seis meses después de acordada la reforma, se procederá a convocar una Convención Constituyente, que se limitará a aprobar o desechar la reforma votada por los Cuerpos Colegisladores, los cuales continuarán en el ejercicio de sus funciones con entera independencia de la Convención.

Los Delegados a dicha Convención serán elegidos por provincia, en la proporción de uno cada cincuenta mil habitantes, y en la forma que establezcan las leyes.

Disposiciones transitorias

PRIMERA: La República de Cuba no reconoce más deudas y compromisos que los contraídos legítimamente, en beneficio de la Revolución, por jefes de Cuerpo del Ejército Libertador, después del 24 de febrero de 1895, y con anterioridad al 19 de septiembre del mismo, año fecha en que se promulgó la Constitución de Jimaguayu, y las deudas y compromisos que el Gobierno Revolucionario hubiere contraído posteriormente, por si o por sus legítimos representantes en el extranjero. El Congreso calificará dichas deudas y compromisos, y resolverá sobre el pago de los que fueren legítimos.

SEGUNDA: Los nacidos en Cuba o los hijos de naturales de Cuba que, al tiempo de promulgarse, esta Constitución, fueran ciudadanos de algún estado extranjero, no podrán gozar de la nacionalidad cubana sin renunciar, previa y expresamente, la que tuvieren.

TERCERA: El tiempo que los extranjeros hubieran servido en la guerra por la independencia de Cuba, se computará como tiempo de naturalización y de residencia para la adquisición del derecho que a los naturalizados reconoce el artículo 49.

CUARTA: La base de población que se establece, en relación con las elecciones de Representantes y de Delegados a la Convención Constituyente, en los artículos 48 y 115, podrá modificarse por una ley cuando a juicio del congreso lo exigiere el aumento de Habitantes que resulte de los censos periódicamente formados.

QUINTA: Al Constituirse por primera vez el Senado los Senadores, al efecto de su renovación, se dividirán en dos series. Los comprendidos en la primera, cesarán al fin del cuarto año y los comprendidos en la segunda, al terminar el octavo, decidiendo la suerte los dos Senadores que correspondan, por cada Provincia a una y otra serie.

La Ley establecerá el procedimiento para la formación de las dos series en que haya de dividirse, a los efectos de su renovación parcial, la Cámara de Representantes.

SEXTA: Noventa días después de promulgada la Ley Electoral que habrá de redactar y adoptar la Convención Constituyente, se procederá a elegir los funcionarios creados por la Constitución, para el traspaso del Gobierno de Cuba a los que resulten elegidos, conforme a los dispuesto en la Orden número 301 del cuartel General de la División de Cuba, de 23 de julio del año 1900.

SÉPTIMO: Todas las leyes, decretos, reglamentos, órdenes y demás disposiciones que estuvieren en vigor al promulgarse esta Constitución, Continuarán observándose en cuanto no se opongan a ella, mientras no fueren legalmente derogadas o modificadas.

Sala de sesiones de la Convención constituyente, en La Habana, a 21 de febrero de 1901.

Domingo Méndez Capote, presidente — Juan Rius Rivera, Primer vicepresidente — José Miguel Gómez, Eudaldo Tamayo — José B. Alemán — José J. Monteagudo — Martin Morúa Delgado — José Luis Robau — Luis Fortún — Manuel R. Silva — Pedro Betancourt — Eliseo Giberga — Joaquin Quilez — Gonzalo de Quesada — Diego Tamayo — Manuel Sanguily — Alejandro Rodríguez — Miguel Gener — Rafael Portuondo — José Fernández de Castro — Antonio Bravo — Correoso José N. Ferrer — Juan Gualberto Gómez — Rafael Manduley — Alfredo Zayas, Secretario — Enrique Villuenda, Secretario.

Libros a la carta

A la carta es un servicio especializado para
empresas,
librerías,
bibliotecas,
editoriales
y centros de enseñanza;
y permite confeccionar libros que, por su formato y concepción, sirven a los propósitos más específicos de estas instituciones.
Las empresas nos encargan ediciones personalizadas para marketing editorial o para regalos institucionales. Y los interesados solicitan, a título personal, ediciones antiguas, o no disponibles en el mercado; y las acompañan con notas y comentarios críticos.
Las ediciones tienen como apoyo un libro de estilo con todo tipo de referencias sobre los criterios de tratamiento tipográfico aplicados a nuestros libros que puede ser consultado en Linkgua-ediciones.com.
Linkgua edita por encargo diferentes versiones de una misma obra con distintos tratamientos ortotipográficos (actualizaciones de carácter divulgativo de un clásico, o versiones estrictamente fieles a la edición original de referencia).
Este servicio de ediciones a la carta le permitirá, si usted se dedica a la enseñanza, tener una forma de hacer pública su interpretación de un texto y, sobre una versión digitalizada «base», usted podrá introducir interpretaciones del texto fuente. Es un tópico que los profesores denuncien en clase los desmanes de una edición, o vayan comentando errores de interpretación de un texto y esta es una solución útil a esa necesidad del mundo académico.

Asimismo publicamos de manera sistemática, en un mismo catálogo, tesis doctorales y actas de congresos académicos, que son distribuidas a través de nuestra Web.

El servicio de «libros a la carta» funciona de dos formas.

1. Tenemos un fondo de libros digitalizados que usted puede personalizar en tiradas de al menos cinco ejemplares. Estas personalizaciones pueden ser de todo tipo: añadir notas de clase para uso de un grupo de estudiantes, introducir logos corporativos para uso con fines de marketing empresarial, etc. etc.

2. Buscamos libros descatalogados de otras editoriales y los reeditamos en tiradas cortas a petición de un cliente.